PEQUEÑOS DEPORTISTAS

SPORTS FOR SPROUTS

Béisbol

Baseball

Holly Karapetkova

ROURKE PUBLISHING

Vero Beach, Florida 32964

www.rourkepublishing.com

Photo credits: Cover © Wendy Nero; Title Page © Wendy Nero, Crystal Kirk, Leah-Anne Thompson, vnosokin, Gerville Hall, Rob Marmion; Page 3 © Ben Blankenburg; Page 4 © Rob Friedman; Page 7 © Rob Friedman; Page 8 © Wendy Nero; Page 11 © Rob Friedman; Page 12 © RichVintage; Page 14 © Rob Friedman; Page 17 © sonyae; Page 18 © Rob Friedman; Page 21 © Fejas; Page 22 © Terry Poche, Rob Friedman, Neil Roy Johnson; Page 23 © Amy Smith, Samuel Acosta, RichVintage; Sidebar Silhouettes © Sarah Nicholl

Editor: Meg Greve

Cover and page design by Nicola Stratford, Blue Door Publishing
Bilingual editorial services by Cambridge BrickHouse, Inc.   www.cambridgebh.com

Library of Congress Cataloging-in-Publication Data

Karapetkova, Holly.
  Baseball / Holly Karapetkova.
    p. cm. -- (Sports for sprouts)
  ISBN 978-1-60694-321-2 (hard cover)
  ISBN 978-1-60694-821-7 (soft cover)
  ISBN 978-1-60694-562-9 (bilingual)
  1. Baseball--Juvenile literature. I. Title.
  GV867.5.K37 2009
  796.357--dc22

                                            2009002253

Printed in the USA
CG/CG

ROURKE PUBLISHING

www.rourkepublishing.com - rourke@rourkepublishing.com
Post Office Box 643328 Vero Beach, Florida 32964

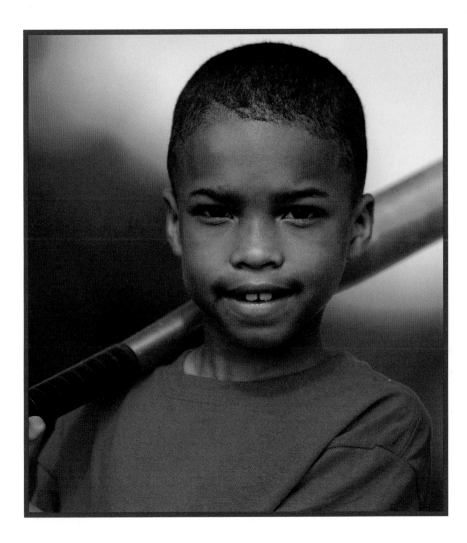

Yo juego béisbol.

I play baseball.

3

Me pongo pantalones de béisbol y un **guante** de béisbol.

I wear baseball pants and a baseball **glove**.

Estoy en un equipo.
Nuestro equipo juega
a la **ofensiva** y
a la **defensiva**.

I am on a team. Our
team plays **offense**
and **defense**.

7

8

Nuestro equipo tiene muchos jugadores. Cuando jugamos a la defensiva, soy el receptor.

Our team has many players. When we play defense, I play catcher.

Cuando jugamos a la ofensiva, me toca batear. Uso un **casco**.

When we play offense, I get to bat. I wear a **helmet**.

11

Agarro el bate y
hago un *swing*.
Bateo la pelota.

I hold the bat and
swing. I hit the ball.

Corro hasta primera, sigo hasta segunda y llego a tercera **base**. Luego, corro hasta el **plato**.

I run to first, second, and third **base**. Then I run to **home plate**.

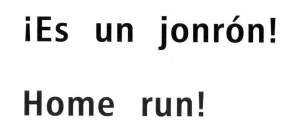

¡Es un jonrón!

Home run!

17

¿En qué posición quieres jugar?

What position do you want to play?

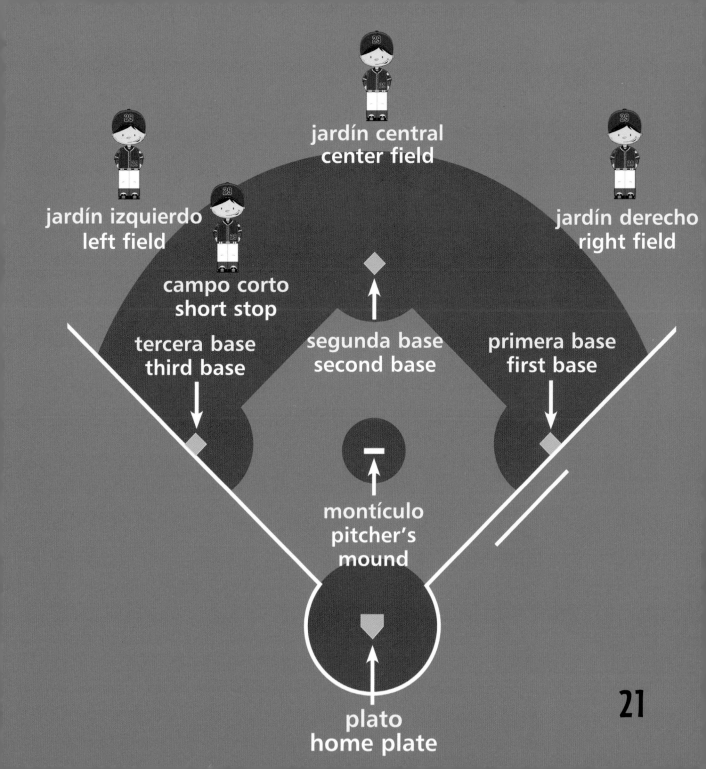

jardín central
center field

jardín izquierdo
left field

campo corto
short stop

jardín derecho
right field

tercera base
third base

segunda base
second base

primera base
first base

montículo
pitcher's
mound

21

plato
home plate

Glosario / Glossary

base: Una base es un lugar en el campo hacia donde el jugador corre después de batear la pelota. Hay tres bases en el campo de béisbol: primera, segunda y tercera.
base (BAYSS): A base is a spot on the field where a player runs after the ball is hit. There are three bases on the baseball field: first base, second base, and third base.

casco: Un casco es una protección que llevan los jugadores al batear. El casco protege sus cabezas de un golpe de la pelota cuando están al bate.
helmet (HEL-mit): A helmet is a special hard hat that baseball players wear. The helmet protects them from getting hit in the head when they are at bat.

defensiva: Cuando un equipo juega a la defensiva, los jugadores tratan de evitar que el otro equipo anote carreras.
defense (DEE-fenss): When a team is on defense, the players try to keep the other team from scoring.

guante: Un guante es una prenda especial que los jugadores usan en la mano con la que atrapan la pelota. Suele ser de piel.
glove (GLUHV): A glove is a special covering that baseball players wear on the hand they catch with. It is usually made of leather.

ofensiva: Cuando un equipo juega a la ofensiva, trata de anotar carreras.
offense (AW-fenss): When a team is on offense, the players try to score.

plato: El plato es donde el jugador se para y trata de batear la pelota. Es también donde los jugadores tienen que llegar para anotar una carrera después de pasar la primera, segunda y tercera base.
home plate (HOME PLAYT): Home plate is where the batter stands and tries to hit the ball. It is also where the players run to score one point after they have touched first, second, and third base.

Índice / Index

Visita estas páginas en Internet / Websites to Visit

www.exploratorium.edu/baseball/bouncing_balls.html
www.littleleague.org
www.pony.org

Sobre la autora / About the Author

A Holly Karapetkova, Ph.D., le encanta escribir libros y poemas para niños y adultos. Ella da clases en la Universidad de Marymount y vive en la zona de Washington, D.C., con su hijo K.J. y sus dos perros, Muffy y Attila.

Holly Karapetkova, Ph.D., loves writing books and poems for kids and adults. She teaches at Marymount University and lives in the Washington, D.C., area with her husband, her son K.J., and her two dogs, Muffy and Attila.